ALICE OSEMAN

HEARTSTOPPER

DAS OFFIZIELLE MALBUCH

AF866500

Bisher erschienen von

ALICE OSEMAN

HEARTSTOPPER

Volume 1

Volume 2

Volume 3

Volume 4

Ein ganzes Jahr

Das offizielle Malbuch

Loveless

Nothing Left for Us

Nick & Charlie

This Winter

ALICE OSEMAN

HEARTSTOPPER

DAS OFFIZIELLE MALBUCH

Aus dem Englischen übersetzt von Vanessa Walder

GRAPHIX
Loewe

FSC
www.fsc.org
MIX
Papier aus verantwortungsvollen Quellen
FSC® C020353

Klimaneutral
Druckprodukt
ClimatePartner.com/18521-2202-1001

ISBN 978-3-7432-1597-9
1. Auflage 2022
erschienen unter dem Originaltitel *The Heartstopper Colouring Book*
bei Hodder and Stoughton Limited, London 2020

Aus dem Englischen übersetzt von Vanessa Walder
Illustration: Alice Oseman
Umschlagillustration: Alice Oseman
Umschlaggestaltung: Johanna Mühlbauer
Printed in the EU

www.heartstopper.de
www.loewe-verlag.de

Ich freue mich riesig darüber, dass ihr nun das offizielle *Heartstopper*-Malbuch in den Händen halten könnt!

Als ich im Jahr 2016 *Heartstopper* als Webcomic begonnen habe, war es ein großer Traum, ihn eines Tages als Buch veröffentlichen zu können. Und jetzt gibt es sogar ein eigenes Malbuch! Ich bin euch unendlich dankbar für eure Unterstützung in all den Jahren – dank euch und eurem Enthusiasmus gibt es dieses Buch und all die anderen überhaupt erst.

Wir leben in seltsamen Zeiten, aber Kunst zu erschaffen, hat mich immer wieder beruhigt, wenn die Welt sich ein bisschen chaotisch angefühlt hat. Ich hoffe, euch geht es mit diesem Buch genauso.

Also schnappt euch eure Stifte, sucht euch einen gemütlichen Platz, an dem ihr entspannen könnt, und fangt an zu malen!

Alice

x

Du bist das!!
Haha, yeah!
NICK

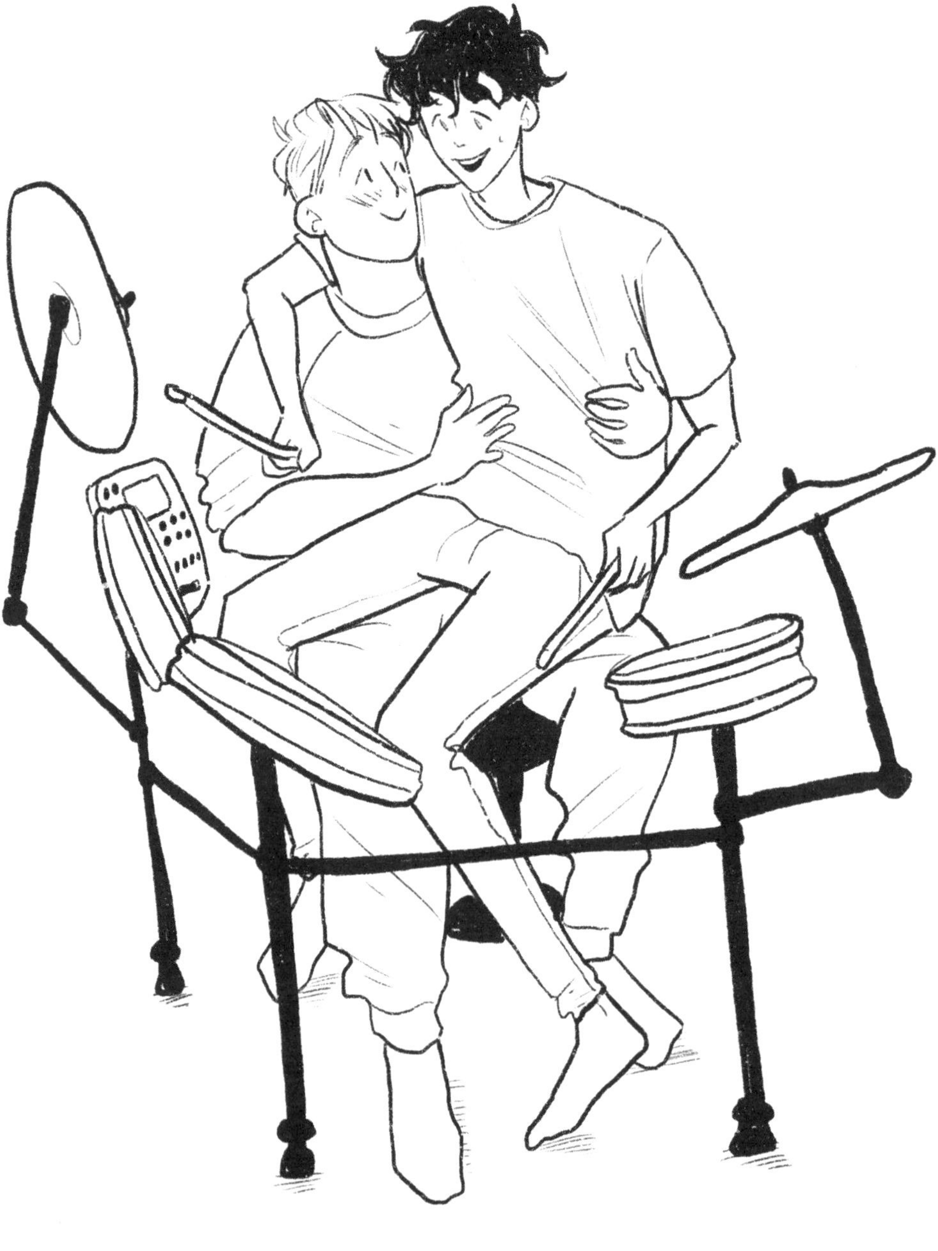

Ich …
… habe einen festen Freund.
Wunderbar!
Das ist reizend, Charlie! Wie heißt er denn?
Äh …

Happy Pride!
FIGHT THE CIS-TEM

FISH & CHIPS
Wollen wir teilen?
Okay!
30
30

ELLE
DARCY
TARA

SCHNÜFFEL
GCSE
Chemie

ACHTUNG PRÜFUNG
RUHE

RUHE

Bitte!
Ich komm zurück zu dir.

STREIF
STREIF
I ♥ PARIS

HAPPY
PRIDE!

Er ist mein fester Freund. Charlie ist mein fester Freund.

Elle
Argent

KNALL
JUBEL!!!

SCHUBS
HA
HA
PFFT
SCHUBS
HA
HA
HA
HA
SCHLÜRF

Nicks Zimmer

Ansicht A

Ansicht B

...
414
KNALL

LERNE
SPANISCH
GESCHICHTE
K.S.

drück
Wir sind zusammen.

Charlies Zimmer

Ansicht A

Ansicht B

GREIF
GREIF

MONTAG
Hi!
Hi!

Happy
Pride!

WÜHL
WÜHL

WÜHL
WÜHL

?
!

BLICK
BLICK

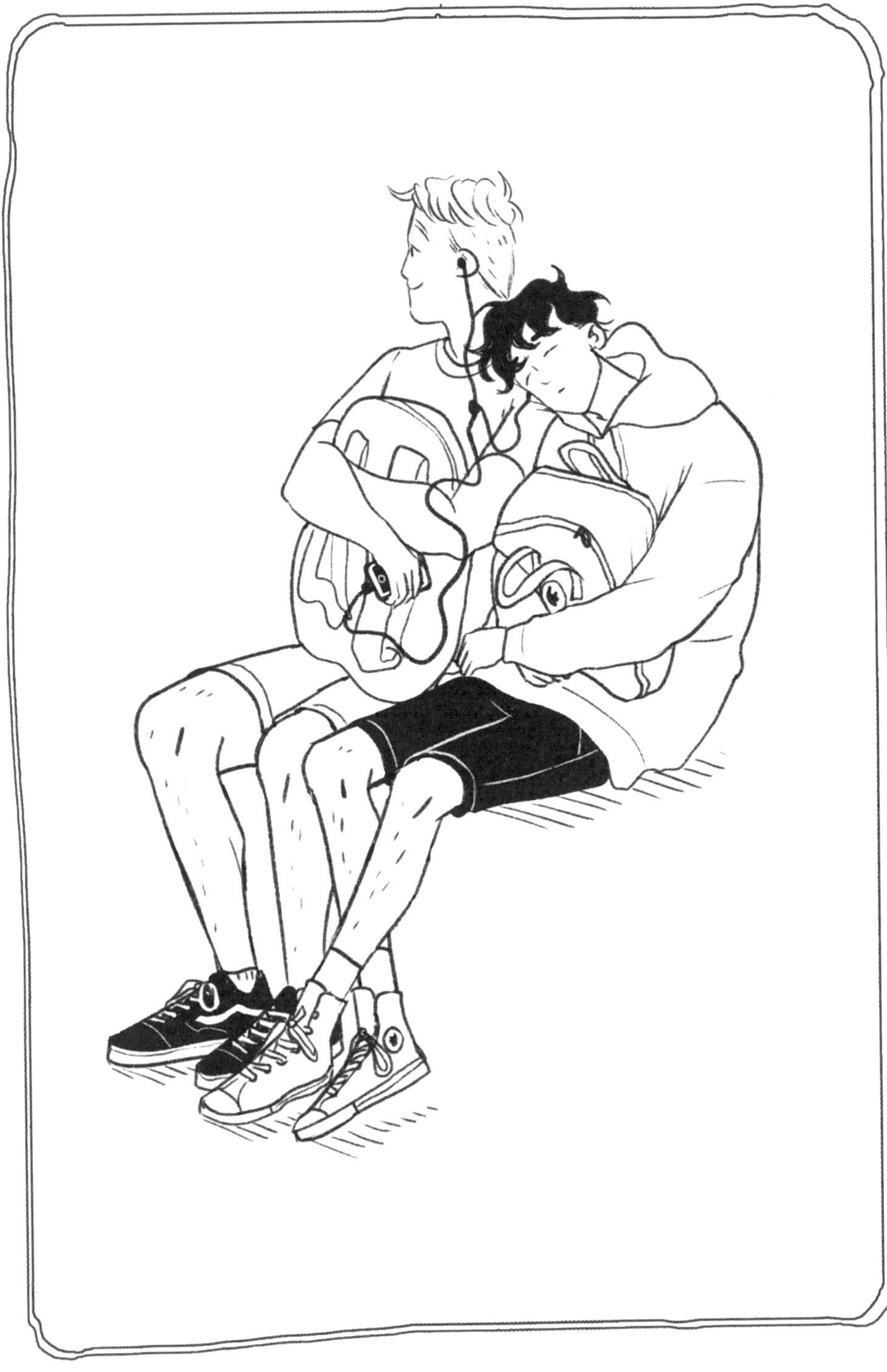

SPRITZ

Hi
Hi

RUTSCH
KLONK

Alsooo …
das ist Nick?
… hi?
Das ist Darcy Olsson. Meine Freundin.
!

GLUCK
GLUCK
FIZZY POP

KNALL
...
AUFTAUCH
Ich glaub nicht, dass er hetero ist.

rot werd
rot werd
rot werd
rot werd

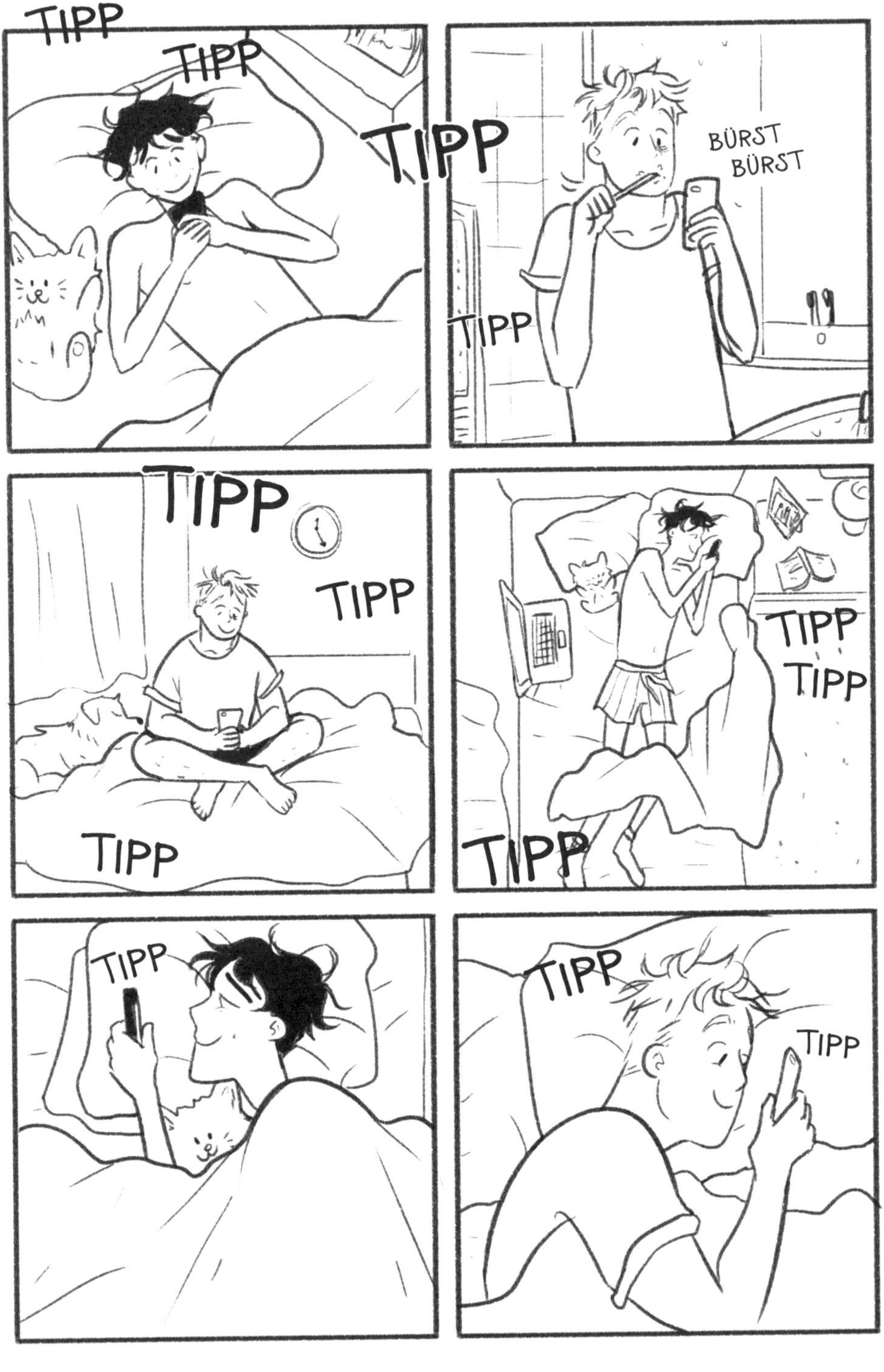
TIPP
TIPP
TIPP
BÜRST
BÜRST
TIPP
TIPP
TIPP
TIPP
TIPP
TIPP
TIPP
TIPP
TIPP
TIPP

... hey!

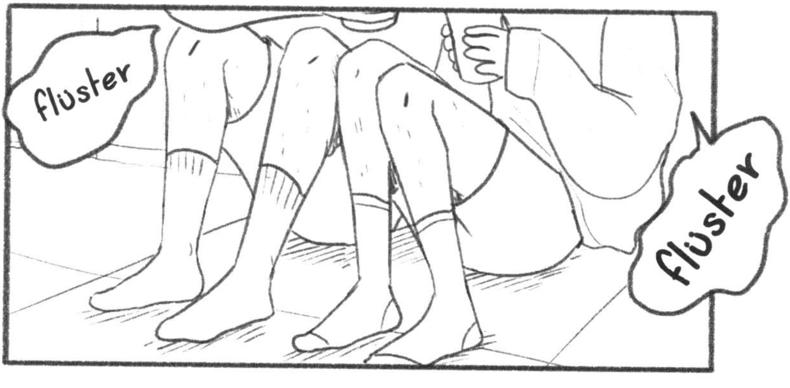
flüster
flüster

KLICK
PARIS
STADT-
PLAN

STILLSTEH

Der Übungsraum,

ein Mini-Comic

Ich bin jetzt auch im Orchester, weißt du? Ich bin hier, um zu üben, genau wie du!
TÜR-STOPPER
DIE TÜR!!
DIE IST KAPUTT! SIE SCHLIESST AUTOMATISCH!
Hä?
KLICK
Wir sind einge-sperrt.

5 MINUTEN SPÄTER
Kein Empfang??
10 MINUTEN SPÄTER
HILFE
20 MINUTEN SPÄTER
Irgendwer kommt bestimmt!
IGNORIER
Hey ... Tut mir echt leid ... Vielleicht kommen wir noch recht-zeitig für die zweite Hälfte raus!
SCHNAUB
Ignorierst du mich etwa?
Ja!
Haha, du hast was gesagt!
AAH!
Jonesy ... Jetzt mal echt - was hast du für ein Problem mit mir?

Du bist einfach so ...
NERVIG!
Du bist laut und machst immer DÄMLICHE Witze und du kannst nicht mal anständig Trompete spielen.
Und du hast meinen LIEBLINGS-KULI GESTOHLEN.
... Kuli?
Ach! Ja, ich hab ihn heute mitgebracht, um ihn dir zurückzugeben.
Du hast ihn mir in Französisch geliehen und ich hab's total vergessen!
Hier
... Danke

Eine halbe Stunde später ...

Ich ...
Ich bin's nur leid, hier festzusitzen. Ich will nach Hause.
Ach ... Tara ...
Schon okay!
Bald kommt jemand.

Blues
Dein Mascara ist übrigens total verschmiert, nur damit du's weißt.
Sei still!
Wo?
Haha, voll erwischt!
Ich hab einen Kuli!! Ich mal damit dein Gesicht an!!
AHH!

WAG ES JA NICHT ...
RACHE!
FESTHALT
AAAH!
Okay ... mach's einfach!

ZIEH

!!
Tara? Darcy? Seid ihr hier unten?
Miss!! Wir sind hier eingesperrt!!
VERBLÜFFT
Wenigstens seid ihr in der zweiten Hälfte dabei.
Danke
GEH
Was ... ist grad passiert ...?
Ende ...?

Alice Oseman veröffentlichte den ersten Roman mit 19 Jahren. Inzwischen sind drei weitere Jugendromane erschienen sowie die erfolgreiche Webcomicserie *Heartstopper*.
Alice starrt am liebsten stundenlang auf einen Computerbildschirm, stellt dabei die menschliche Existenz infrage und tut alles Mögliche, um einen ordentlichen Bürojob zu vermeiden.

Mehr über Alice Oseman und *Heartstopper* gibt es hier:
www.alice-oseman.de
www.twitter.com/AliceOseman
www.instagram.com/aliceoseman